Nacherzählt von Kathryn Smith
Illustriert von Stuart Trotter

Parragon
Queen Street House
4 Queen Street
Bath BA1 1HE, UK

Übersetzung aus dem Englischen: Jürgen Lassig, Kipfenberg-Arnsberg
Lektorat und Projektmanagement: Nazire Ergün, Köln
Koordination: trans texas GmbH, Köln

ISBN 978-1-4454-4332-4
Printed in China

Bibelgeschichten

Arche Noah

Parragon

Bath • New York • Singapore • Hong Kong • Cologne • Delhi
Melbourne • Amsterdam • Johannesburg • Auckland • Shenzhen

Als Gott die Welt erschuf, war alles viele Jahre lang schön auf der Erde, wie es sein sollte. Aber je länger sich Gott die von ihm geschaffenen Menschen ansah, desto betrübter wurde er. Die Menschen waren selbstsüchtig und gierig. Sie fielen über einander her und zerstörten die wunderschöne Erde, die er ihnen gegeben hatte.

Wohin Gott auch blickte, überall sah er Gewalt und Grausamkeit, Zwietracht und Hass. Es gab überhaupt nur einen Einzigen, der Gott liebte und an ihn glaubte. Sein Name war Noah.

„Ich werde alles Böse mit einer Flut wegspülen“, bestimmte Gott. „Die Erde soll noch einmal von neuem beginnen.“

Gott wählte Noah aus, ihm beim Neubeginn der Welt zu helfen.

„Ich möchte, dass die Welt wieder schön wird“, wandte Gott sich an Noah. „Wirst du mir dabei helfen?“

„Natürlich“, antwortete Noah, er war erfreut und erstaunt zugleich, dass Gott ihn ausgewählt hatte. „Was muss ich tun?“

„Ich werde eine große Flut schicken, die alles Leben auf der Erde vernichten wird“, sagte Gott. „Aber deine Familie will ich retten und von jeder Tierart ein Paar. Du musst ein großes Schiff bauen, eine Arche. Mach es so geräumig, dass alle Schutz vor der großen Flut darin finden.“

Noah und seine Söhne hatten noch niemals zuvor eine Flut erlebt. Aber sie vertrauten Gott und machten sich daher sofort an die Arbeit. Sie bauten eine Arche, wie Gott es befohlen hatte.

HACK! HACK!
KLACK! KLACK!

TACK! TACK!
KLOPF! KLOPF!
TACK! TACK!

Bald hörten die Leute, dass Noah eine Arche baute. Sie kamen von weither, um sich das Schiff anzusehen. Aber sie lachten Noah und seine Familie aus.

„Wie soll das Schiff denn schwimmen?“, spotteten sie. „Es gibt doch rundum gar kein Wasser, ha, ha!“

Noah erklärte ihnen, welchen Plan Gott hatte, doch sie hörten nicht auf ihn.

Als die Arche fertig war, beluden Noah und seine Familie das Schiff mit so viel Lebensmitteln, wie sie während der großen Flut brauchen würden. Dann warteten sie.

RUMPEL! TRAMPEL! RUMPEL!

In der Ferne sahen sie eine Staubwolke, die sich ihnen schnell näherte.

RUMPEL! TRAMPEL! RUMPEL!

Die Staubwolke wurde immer größer und das Getrampel immer lauter.

„Aufgepasst!“, rief Noahs Frau. „Gott schickt die Tiere!“

Gott schickte …

große Tiere,
kleine Tiere,
sehr wilde
und auch zahme Tiere …

fliegende Tiere,
kriechende Tiere,
weit springende
und auch schleichende Tiere …

grunzende Tiere,
quakende Tiere,
laut muhende
und auch krächzende Tiere …

bellende Tiere,
brüllende Tiere,
sanft schnurrende
und auch zischende Tiere,

und immer kamen
zwei von jeder Art.

Noah zählte die Tiere genau. Als alle auf dem Boot in Sicherheit waren, verschloss Gott die Luke und ließ es regnen.

Zuerst regnete es nur leicht.
TRÖPFEL! TRÖPFEL! Dann wurde der Regen stärker. **TROPF! TROPF!**

Schließlich goss es wie aus Eimern! **PLITSCH! PLATSCH!** Und es begann zu stürmen! Der Wind heulte, Blitze flackerten über den Himmel, und Donner grollte. Und es regnete immer weiter. Die Flüsse traten über die Ufer, und die Meere überfluteten das Land.

Als das Wasser immer höher stieg, fing die Arche Noah an, sich zu bewegen ...

zuerst ein wenig zur einen Seite, dann etwas zur

anderen Seite, zur einen Seite, zur anderen Seite ...

Bald ächzten und krachten die Holzplanken laut, und das Boot wurde vom Wasser angehoben.

„Hurra!", rief Noah. „Wir schwimmen!"

Es regnete vierzig Tage und Nächte lang ohne Unterbrechung. Die Wassermassen stiegen immer höher, bis auch die höchsten Bäume auf den höchsten Bergen im Wasser versanken. Aber Noah, seine Familie und die Tiere waren sicher in der schützenden Arche.

Natürlich war das Leben in einem schwimmenden Zoo nicht einfach. Es war dunkel und schrecklich laut.

Die Tiere mussten gefüttert werden …

und einmal täglich an die frische Luft.

Und jemand musste die Ställe ausmisten.

Aber Noah und seine Familie verließ nie der Mut. Sie vertrauten weiterhin Gott.

Eines Morgens hielt Noah plötzlich in der Arbeit inne.
„HÖRT“, rief er. Die Tiere hörten auf zu kauen, und Noahs Frau, die Söhne und die Schwiegertöchter lauschten. Etwas war geschehen. Etwas **SEHR** Wichtiges. Es hatte aufgehört zu regnen!

„Was sollen wir jetzt tun?“, fragten Noahs Söhne draußen an Deck der Arche.

„Wir müssen noch warten“, sagte Noah lächelnd. „Gott wird uns nicht vergessen.“

Vier Wochen lang trieben sie auf dem ruhigen Wasser. Sie warteten ab. Schließlich schwamm die Arche nicht mehr weiter, sie war auf einer Bergspitze gestrandet. Ganz langsam zog sich das Wasser zurück.

Dann schickte Noah einen Raben aus, er sollte einen trockenen Platz auf der Erde suchen. Aber der Vogel kam bald wieder zur Arche zurück.

„Wir müssen noch länger warten“, sagte Noah.

Noah wartete wieder sechs lange Wochen ab. Dann schickte er eine Taube aus.

„Bring uns ein Zeichen!“, rief er dem Vogel nach. Den ganzen Tag lang hielten Noah und die Tiere nach der Taube Ausschau und sie warteten.

Kurz bevor es Nacht wurde, als sie schon die Hoffnung aufgeben wollten, dass die Taube zurückkommt, hörten sie ein leichtes Flügelschlagen in der Luft.

„Sie kommt zurück!“, rief Noah aufgeregt. „Seht doch, was sie im Schnabel trägt!“ Es war ein Olivenzweig. „Die Bäume ragen also wieder aus dem Wasser!“

Noah wartete eine weitere Woche, dann schickte er die Taube wieder aus. Diesmal kam sie nicht zurück. Sie hatte trockenes Land gefunden.

„Jetzt ist es an der Zeit, die Arche zu verlassen!“, rief Noah voller Freude. „Danke dir, oh Herr, dass du uns gerettet hast!“

Auch Gott war voll Freude.
„Dies ist der Neubeginn der Welt“, sagte er zu Noah. „Deine Familie und die Tiere sollen hinaus in den Sonnenschein ziehen. Geht hin und baut euch ein neues Heim, und erfüllt die Erde mit neuem Leben!“

Noah öffnete die Luken der Arche, und die Tiere strömten schnell hinaus ins Freie.

Dann ließ Gott einen Regenbogen am Himmel erscheinen. „Nehmt dies als Zeichen meiner Liebe“, sagte er. „Niemals werde ich die Welt wieder überfluten. Und jedesmal, wenn nach einem Regen die Sonne scheint, werde ich zur Erinnerung an mein Versprechen einen Regenbogen an den Himmel stellen!“